En la época de...

Abraham Lincoln
y la
Guerra Civil

Heinemann Library
Chicago, Illinois

© 2008 Heinemann Library
a division of Reed Elsevier Inc.
Chicago, Illinois

Customer Service **888-454-2279**

Visit our website at **www.heinemannlibrary.com**

Designed by Kimberly R. Miracle and Betsy Wernert.
Translation into Spanish produced by DoubleO Publishing Services
Printed in China by South China Printing.

11 10 09 08
10 9 8 7 6 5 4 3 2 1

ISBN 13: 978-1-4329-0587-3 (hb) 978-1-4329-0595-8 (pb)
ISBN 10: 1-4329-0587-2 (hb) 1-4329-0595-3 (pb)

Library of Congress Cataloging-in-Publication Data
Trumbauer, Lisa, 1963-
  [Abraham Lincoln and the Civil War. Spanish]
  Abraham Lincoln y la Guerra Civil / [Lisa Trumbauer].
     p. cm. -- (En la época de)
  ISBN-13: 978-1-4329-0587-3 (hb)
  ISBN-13: 978-1-4329-0595-8 (pb)
 1. Lincoln, Abraham, 1809-1865--Juvenile literature. 2. Presidents--United States--Biography--Juvenile literature. 3. United States--History--Civil War, 1861-1865--Juvenile literature. 4. United States--Politics and government--1861-1865--Juvenile literature. 5. Slavery--United States--History--Juvenile literature. I. Title.
  E457.905.T7818 2008
  973.7092--dc22
  [B]
                    2007040241

Acknowledgments
The author and publishers are grateful to the following for permission to reproduce copyright material: **p. 4** Getty Images/MPI, **p. 5** Corbis, **p. 8** Corbis/Joseph Sohm; Visions of America, **p. 9** Corbis, **p. 10** Library of Congress, **p. 11** Bridgeman Art Library/Private Collection, **p. 12** Library of Congress/H.B. Lindsley, **p. 13** The Bridgeman Art Library/Louisiana State Museum, USA, **p. 14** Corbis/Bettmann, **p. 15** Corbis/Bettmann, **p. 16** Corbis, **p. 17** Corbis, **p. 18** Library of Congress, **p. 19** Corbis/Bettmann, **p. 20** Corbis/Blue Lantern Studio, **p. 21** Corbis/Bettmann, **p. 22** Corbis/Bettmann, **p. 23** Corbis, **p. 24** Corbis/Bettmann, **p. 25** Corbis/Bettmann, **p. 26** Corbis/Bettmann, **p. 27** The Granger Collection.

Map illustrations on pages 6 and 7 by Mapping Specialists, Ltd.

Cover photograph of Abraham Lincoln reproduced with permission of the Library of Congress/Horydczak Collection. Cover photograph of soldier outside of Atlanta during the Civil War reproduced with permission of Corbis.

Contenido

Algunas palabras aparecen en negrita, **como éstas**. Puedes averiguar su significado consultando el glosario.

Conoce a Abraham Lincoln

Abraham Lincoln fue el 16º presidente de los Estados Unidos. Nació en Kentucky el 12 de febrero de 1809. Su familia vivía en una cabaña de madera en la **frontera**. No tenían mucho dinero.

Abraham Lincoln creció en esta cabaña de madera.

Abraham Lincoln fue presidente desde 1861 hasta 1865.

Cuando era niño, Abraham Lincoln fue a la escuela por sólo un año. De adolescente, trabajó en muchos empleos diferentes. Se mudó con su familia a Illinois, a los 21 años de edad. En 1834, cuando tenía 25 años, fue **elegido** para el gobierno estatal de Illinois.

Un país joven

En esa época, los Estados Unidos eran un país joven. Hacía menos de 100 años que los gobernaba Gran Bretaña. Los Estados Unidos habían luchado contra el gobierno británico. Ganaron su **independencia** y se convirtieron en un país soberano.

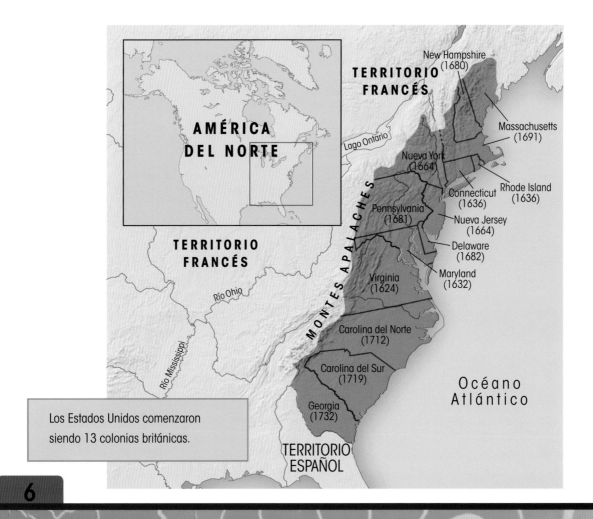

AMÉRICA DEL NORTE

TERRITORIO FRANCÉS

Lago Ontario

New Hampshire (1680)

Massachusetts (1691)

Nueva York (1664)

Connecticut (1636)

Rhode Island (1636)

Pennsylvania (1681)

Nueva Jersey (1664)

Delaware (1682)

Maryland (1632)

Virginia (1624)

TERRITORIO FRANCÉS

Río Ohio

Río Mississippi

MONTES APALACHES

Carolina del Norte (1712)

Carolina del Sur (1719)

Georgia (1732)

Océano Atlántico

TERRITORIO ESPAÑOL

Los Estados Unidos comenzaron siendo 13 colonias británicas.

En 1861, los Estados Unidos estaban formados por más de 30 estados.

Al principio, los Estados Unidos sólo eran 13 estados. Muy pronto, otras partes de **América del Norte** se convirtieron en estados. Kentucky, donde Abraham Lancoln había nacido, se convirtió en estado en 1792. Illinois se convirtió en estado en 1818.

La esclavitud en los Estados Unidos

En los Estados Unidos, había algunas leyes que todos los estados tenían que seguir. Estas leyes se escribieron en la **Constitución** de los Estados Unidos. Sus primeros líderes no querían que un gobierno grande tuviera demasiado poder, así que los estados también podían crear sus propias leyes.

La Constitución de los EE.UU. fue redactada en 1787.

Existía la compra y venta de esclavos.

Los primeros líderes no conseguían ponerse de acuerdo con respecto a la **esclavitud**. La esclavitud es cuando una persona es propietaria de otra persona. El esclavo es obligado a trabajar muy duro y a hacer lo que el propietario diga. Los primeros líderes decidieron dejar que cada estado hiciera sus propias leyes sobre la esclavitud.

En la plantación

Los propietarios de las plantaciones vivían en casas grandes y tenían mucho dinero.

En la mayoría de los estados del Norte, la **esclavitud** era **ilegal**. Sin embargo, en la mayoría de los estados del Sur, la esclavitud era **legal**. Los estados del Sur tenían grandes **plantaciones**. En los terrenos de las plantaciones había algodón, tabaco y otros **cultivos**. Se necesitaban esclavos que trabajaran en las plantaciones.

El trabajo en las plantaciones era muy duro. Los esclavos trabajaban en los campos todo el día, al sol, recolectando cultivos como el algodón. Los esclavos no podían dejar la plantación. Tenían que trabajar todo el tiempo.

A los esclavos no se les pagaba por trabajar.

Un país dividido

Muchos esclavos escaparon de sus duras vidas. Viajaron a los estados del Norte donde la **esclavitud** era **ilegal**. Mucha gente ayudó a los esclavos fugitivos. Mucha gente pensaba que la esclavitud debía ser ilegal en todas partes.

Harriet Tubman fue una esclava de Maryland que escapó en 1849.

Los propietarios de las plantaciones temían perder dinero si los esclavos no trabajaban en sus campos.

Mucha gente en el Sur no estaba de acuerdo. Necesitaban que los esclavos trabajaran en sus **plantaciones**. No creían que el gobierno de los Estados Unidos pudiera decir a los estados lo que tenían que hacer. Pensaban que cada estado debía tomar sus propias decisiones.

Los Estados Confederados de América

Los estados del Sur decidieron que iban a formar su propio país. Se separaron de los Estados Unidos, o la **Unión**. En diciembre de 1860, Carolina del Sur fue el primer estado en separarse.

Jefferson Davis fue elegido presidente de los Estados Confederados.

Les siguieron otros seis estados: Alabama, Florida, Georgia, Luisiana, Mississippi y Texas. Juntos, formaron un nuevo país al que llamaron Estados Confederados de América. Virginia, Carolina del Norte, Tennessee y Arkansas también **se unirían** a la **Confederación**.

Los Estados Confederados de América crearon su propia moneda.

La Guerra Civil

En 1861, los soldados del ejército **confederado atacaron** el fuerte Sumter en Carolina del Sur. Lucharon contra los soldados de la **Unión**. La Guerra Civil acababa de comenzar. El ejército de la Unión de los Estados Unidos estaba luchando contra el ejército confederado de los Estados Confederados.

La primera batalla de la Guerra Civil tuvo lugar en el fuerte Sumter.

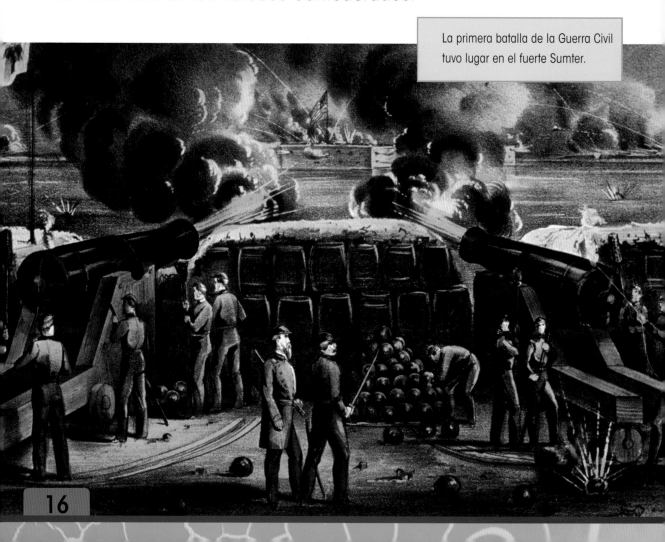

Los soldados de la Unión llevaban uniformes azul oscuro.
Los soldados confederados llevaban uniformes grises.

Abraham Lincoln fue elegido presidente en 1861. Él no estaba de acuerdo con la **esclavitud**. También quería que el país permaneciera unido. Los norteamericanos estaban luchando entre sí, y morían miles de personas.

Proclamar la libertad

Abraham Lincoln no quería la guerra. Creía que los esclavos debían ser libres. En el otoño de 1862 escribió la Proclama de Emancipación.

La Proclama de Emancipación se hizo oficial el 1 de enero de 1863.

Los esclavos ya no tenían que trabajar en los campos de las **plantaciones**.

Emancipar algo significa liberarlo. Proclamar algo significa decírselo a todo el mundo. La Proclama de Emancipación indicaba a todo el mundo que los esclavos en los estados **confederados** eran libres.

Una batalla en Gettysburg

Unos 50,000 soldados resultaron heridos, fueron capturados o murieron en la batalla de Gettysburg.

Del 1 al 3 de julio de 1863, una gran batalla tuvo lugar en Gettysburg, Pennsylvania. Miles de soldados de la **Unión** y **confederados** lucharon unos contra otros. Al final, el ejército de la Unión ganó. Fue una **victoria** importante.

El lugar donde tuvo lugar la batalla fue convertido en un **cementerio**, en honor a todos los soldados que allí murieron. El 19 de noviembre de 1863, el presidente Lincoln dio allí un discurso importante. Este discurso es conocido como el discurso de Gettysburg.

El discurso de Gettysburg honraba a los soldados que habían muerto.

Luchar por la libertad

Para los norteamericanos negros, la Guerra Civil fue una lucha por la **libertad**. Si ganaba la **Unión**, sería el fin de la esclavitud. Miles de soldados negros se alistaron. Algunos eran esclavos fugitivos, otros eran ciudadanos negros libres, del Norte.

Después de la Proclama de Emancipación, muchos norteamericanos negros decidieron luchar en la Guerra Civil.

Aproximadamente 180,000 norteamericanos negros lucharon para la **Unión** durante la Guerra Civil. Los soldados negros lucharon bien y con mucho esfuerzo. Se ganaron el respeto de los soldados blancos.

La Medalla de Honor del Congreso es la máxima condecoración militar de los Estados Unidos y fue concedida a dieciséis soldados negros.

La Confederación se rinde

Después de la batalla de Gettysburg se libraron muchas otras batallas. La guerra continuó durante casi dos años más. El ejército de la **Unión** siguió ganando. Estaba derrotando al ejército **confederado**.

Muchas ciudades del Sur fueron destruidas durante la Guerra Civil.

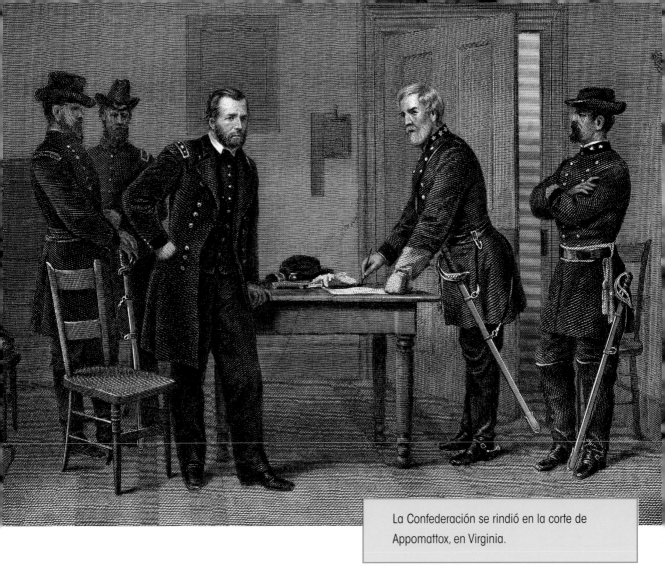

La Confederación se rindió en la corte de Appomattox, en Virginia.

En 1864, Abraham Lincoln fue **elegido** presidente una vez más. El 9 de abril de 1865, el ejército confederado **se rindió** al ejército de la Unión. La Guerra Civil había terminado. Los Estados Unidos volvían a ser un solo país.

Se acabó la esclavitud

La Guerra Civil mantuvo unido al país. Ayudó a liberar a los esclavos. El 6 de diciembre de 1865, se introdujo un cambio en la **Constitución** de los Estados Unidos. Este cambio decía que la **esclavitud** era **ilegal** en todos los estados.

La Enmienda 13 a la Constitución de los Estados Unidos hizo que la esclavitud fuera ilegal.

El presidente Lincoln fue asesinado unos días después de que la Guerra Civil terminara.

La Guerra Civil fue una guerra importante, pero muchas personas murieron. Cerca de 600,000 soldados murieron. Abraham Lincoln también murió. Un hombre llamado John Wilkes Booth mató de un tiro al presidente Lincoln el 14 de abril de 1865.

La vida en aquella época

Si hubieras vivido en la época de Abraham Lincoln…

- No habrías podido llamar por teléfono a tu familia y amigos, porque no había teléfonos.

- Te habrían llegado las noticias de las batallas de la guerra días después de que sucedieran, ya que no había radios ni televisores.

- Para ir rápido a los sitios, habrías tenido que ir a caballo, porque no había automóviles.

- Habrías tenido que iluminar tu hogar con velas.

- No habrías podido grabar los discursos importantes. Tendrías que escribirlos a mano.

Línea cronológica

1809   Nace Abraham Lincoln.

1834   Abraham Lincoln es **elegido** para el gobierno del estado de Illinois.

1860   Los estados del Sur comienzan a separarse de los Estados Unidos, o la **Unión**.

1861   Abraham Lincoln es elegido presidente de los Estados Unidos.

           Abril: Tiene lugar la primera batalla de la Guerra Civil en el fuerte Sumter, en Carolina del Sur.

1862   El presidente Lincoln redacta la Proclama de Emancipación.

1863   Julio: Se libra la batalla de Gettysburg, en Pennsylvania.

           El presidente Lincoln da un discurso en el campo de batalla de Gettysburg; será conocido como el discurso de Gettysburg.

1865   Abraham Lincoln es elegido presidente de los Estados Unidos por segunda vez.

           9 de abril: La **Confederación se rinde**. Termina la Guerra Civil.

           14 de abril: Hieren al presidente Lincoln de un tiro. Muere a la mañana siguiente.

           Diciembre: La Enmienda 13 hace que la **esclavitud** sea **ilegal**.

Recursos adicionales

Libros

Armentrout, David, Armentrout, Patricia. *Abraham Lincoln*. Rourke Enterprises, 2002

Feinstein, Stephen. *Read About Abraham Lincoln*. Berkeley Heights, NJ: Enslow, 200

Mara, Wil. *Harriet Tubman*. New York: Children's Press, 2002.

Nelson, Kristin L. *El monumento a Lincoln*. Lerner Publishing Group, 2006.

Sitios web en inglés

Library of Congress Kids – Civil War

http://www.americaslibrary.gov/cgi-bin/page.cgi/jb/civil

White House Kids – Meet the Presidents

http://www.whitehouse.gov/kids/presidents/abrahamlincoln.html

Glosario

América del Norte uno de los siete continentes, o grandes extensiones de tierra, del mundo

atacar intentar hacer daño a alguien luchando

cementerio lugar donde se entierra a las personas que han muerto

Confederación grupo de estados del Sur que lucharon contra los Estados Unidos en la Guerra Civil

confederado que tiene que ver con la Confederación

constitución documento escrito que indica los derechos que tiene la gente y los poderes que tiene el gobierno de un país

cultivo planta que los granjeros siembran y cosechan como alimento o para otros usos

elegir seleccionar a alguien por votación

esclavitud cuando alguien es propiedad de otro y se le obliga a trabajar

frontera límite más lejano de un lugar, donde no vive mucha gente

ilegal en contra de la ley

independencia no pertenecer a otro país ni a otro grupo de personas

legal permitido por la ley, algo que es correcto hacer

libertad el derecho a hacer y decir lo que se quiera

plantación granja grande, normalmente en un lugar cálido, con cultivos como el algodón y el tabaco

rendirse dejar de luchar en una guerra o una batalla

Unión otra palabra para los Estados Unidos de América

unirse juntarse

victoria ganar una batalla o una competición

Índice